Dans l'histoire de la terre, il y a eu six grandes vagues d'extinction des espèces. Nous ne savons pas exactement quelles en sont les causes. Il semble que certaines de ces extinctions soient dues à la destruction de notre couche d'ozone, suite à l'explosion d'une étoile dans l'univers.

La disparition la plus connue, celle des dinosaures, pourrait provenir de la chute d'une météorite sur la terre.

Nous vivons actuellement la sixième vague d'extinction et celle-ci est sans aucun doute possible, due à l'homme. L'activité humaine fait des dégâts irréversibles sur l'environnement et détruit irrémédiablement les milieux de vie de très nombreuses espèces. Les forêts tropicales, les marécages, les zones de haute montagne, les savanes… tous les milieux sont maintenant menacés. À force de malmener les habitats, l'homme appauvrit la diversité des êtres vivants, autrement dit, la biodiversité.

Et pourtant, nous sommes loin de connaître toutes les espèces qui vivent sur terre. Il se pourrait même qu'il en reste 50 fois plus à découvrir ! Si l'on ne prend pas tout de suite des mesures pour les protéger, il se peut que de nombreux animaux disparaissent avant qu'on ait eu le temps de les trouver !
Les espèces inconnues, ou mal connues, sont particulièrement menacées, mais peu de personnes se soucient de leur disparition…

Ces animaux méconnus sont en danger.
Ce livre t'apprendra à mieux les connaître, pour les aimer et les aider…

Quelques espèces peu connues menacées :

Le loup à crinière

Le panda roux

Le tapir terrestre

La Girafe blanche du Niger

ANIMAUX MÉCONNUS EN DANGER

Sandrine Silhol

ÉDITIONS D'ORBESTIER

La girafe et l'avancée du désert

Sais-tu qu'en Afrique, certains pays sont confrontés à l'avancée du désert ? Peu à peu, les arbres disparaissent et le sable s'installe. Ce phénomène est naturel, mais malheureusement il est accéléré par les pratiques humaines.

Pour les populations de ces pays, qui sont souvent très pauvres, l'arbre constitue la principale source d'énergie. Elles utilisent le bois pour alimenter leur feu, construire leur maison, et les feuilles pour nourrir leur bétail. Lorsque les hommes coupent les arbres, les racines aussi meurent. Pourtant, elles sont très importantes, car elles retiennent la terre. S'il n'y a plus de racines, la terre fertile est emportée par le vent et plus rien ne peut pousser. Il ne reste que du sable…

La désertification est une menace pour l'homme, mais également pour tous les animaux qui vivent dans ces régions, comme la girafe.

Nous pensons que les girafes ne disparaîtront jamais. Pourtant, leur **habitat** est lentement dégradé. Dans certains pays, elles disparaissent progressivement. C'est le cas en Afrique de l'Ouest, où il ne reste plus que quelques individus, issus d'une population autrefois très importante.

PETIT DICO

Habitat :
endroit dans lequel vit une espèce.

En lisant l'histoire de Houbou, la girafe blanche du Niger, tu comprendras pourquoi elle est menacée par les activités humaines et tu sauras comment on peut lui venir en aide.

Qui est la girafe blanche du Niger ?

La girafe blanche du Niger n'est pas vraiment blanche, mais bien plus claire que les autres girafes.
Non seulement la couleur de fond de son pelage est très blanche, mais les taches qui couvrent son corps sont plus petites et deviennent de plus en plus pâles vers la tête et sous les genoux.
En fonction du pays où elles vivent, de la couleur et de la forme de leurs taches, on distingue neuf **sous-espèces** de girafes.

PETIT DICO

Espèce :
ensemble des êtres vivants qui peuvent se reproduire entre eux.
Sous-espèce :
population d'êtres vivants pouvant se reproduire entre eux mais différente des autres populations d'une espèce donnée, par un ou plusieurs caractères.

Les girafes du Niger sont les dernières girafes d'Afrique de l'Ouest.
Il y a trente ans, elles peuplaient toute cette région. Malheureusement, l'homme les a tellement chassées qu'en 2006, il n'en reste pas plus de 150 dans un petit territoire du Niger.

 = *un troupeau de girafes*

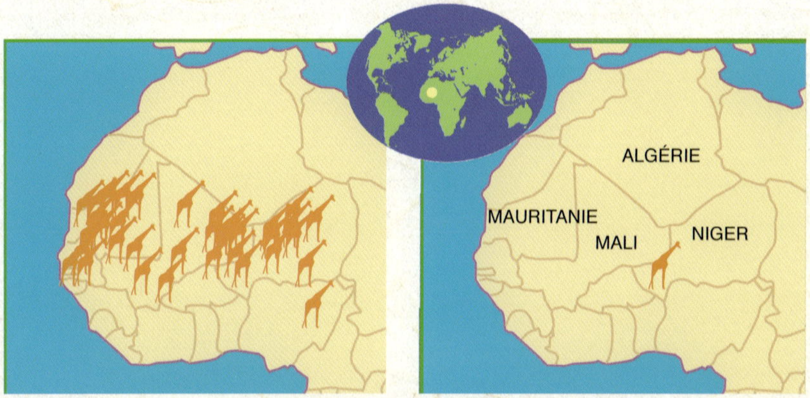

Peuplement il y a un siècle… et aujourd'hui.

Si tu compares la girafe du Niger avec les autres girafes, tu t'aperçois qu'elle est beaucoup plus blanche que les autres.

Les grosses taches foncées des autres girafes sont délimitées par un filet blanc plus fin.

Une naissance spectaculaire !

Alors que la lumière du jour disparaît peu à peu, une femelle s'est isolée du reste du groupe. Debout, à l'abri derrière un buisson, elle attend.
Après avoir porté son petit durant quinze mois, elle s'apprête à mettre bas. Enfin, les pattes du girafon apparaissent, puis la tête et tout d'un coup, le reste du corps suit et tombe au sol. Houbou, une petite girafe femelle, vient de naître.
À la naissance, les girafons font une chute de deux mètres. Quelle entrée fracassante dans la vie ! Heureusement, ils ne se font pas mal. Au bout de vingt minutes, ils sont déjà debout et une heure plus tard, ils font leurs premiers pas !

Durant les premiers jours, Houbou restera près de sa mère, couchée à l'ombre d'un arbre.

« Houbou » est un prénom nigérien.

Le jeune girafon est capable de courir quelques heures à peine après sa naissance. Il mesure alors 1,80 m et pèse 70 kg, comme un homme adulte.

L'art du camouflage

De loin, Houbou se confond avec l'arbre sous lequel elle s'est abritée.

C'est la saison sèche au Niger. Cela fait quatre mois qu'il n'a pas plu et le soleil de plomb a tout desséché. Le vent brûlant qui souffle sur la **brousse** soulève des nuages d'une poussière **ocre** qui recouvre tout le paysage. Une seule couleur domine: celle du sable. Couchée à l'ombre d'un arbre, Houbou passe totalement inaperçue. Son pelage clair lui permet de se fondre totalement dans les broussailles de son **environnement.**

Ce n'est sans doute pas par hasard que la plupart des naissances ont lieu durant cette période. Camouflés par leur pelage couleur de sable, les jeunes sont en sécurité et ont plus de chance de survivre.

PETIT DICO

Brousse: zone recouverte d'herbe, de petits arbustes et de quelques rares arbres.

Ocre: couleur de terre jaune orangé.

Environnement: ensemble des conditions naturelles d'un milieu de vie.

Comme chez d'autres espèces, la couleur du pelage de la girafe lui permet de passer inaperçue dans son environnement, la rendant peu visible aux yeux des prédateurs.

Jusqu'à un an et demi, les girafons passent leurs journées sous la surveillance de quelques femelles adultes. Les mères peuvent alors se déplacer d'arbre en arbre, tandis que les jeunes se reposent.

Une crèche sous les arbres pour jeunes girafes

Houbou est née il y a une semaine. Il est temps pour elle de rencontrer de jeunes camarades. Un matin, guidée par sa mère, elle rejoint un groupe de girafes. Deux femelles adultes, accompagnées de plusieurs jeunes, broutent paisiblement. À leur arrivée, elles leur jettent un regard amical et se remettent nonchalamment à manger. Timide, Houbou se cache sous le ventre de sa mère. Mais, quelle surprise lorsqu'elle aperçoit un girafon à peine plus âgé qu'elle ! Il s'avance hardiment et vient lui sentir les naseaux. C'est comme ça que l'on apprend à se connaître chez les girafes. Enfin en confiance, Houbou le suit à l'ombre d'un acacia.

Pour pouvoir brouter à son rythme, la maman de notre jeune girafe blanche quitte le groupe en la laissant sous la surveillance des autres adultes. Houbou ne s'en soucie guère et passe son temps à jouer et à se reposer avec son nouveau camarade. À la fin de la journée, sa mère rejoint enfin le groupe et Houbou qui a très faim, se précipite vers elle pour téter.

La mère reconnaît son petit grâce à son odeur.

Les girafons continuent à téter leur mère jusqu'à l'âge de 9 mois.

Petite girafe...

On dit que la girafe possède des cornes.
En fait, ce sont des excroissances osseuses de son crâne,
des sortes de bosses.

Son excellente vue lui permet de surveiller les alentours.

La girafe se sert de sa langue, longue d'environ 40 cm (à peu près la taille de ce livre ouvert), pour atteindre les branches inaccessibles et en les enroulant, les ramène à sa bouche.

Pour atteindre les branches les plus hautes, le cou de la girafe est très long.
Pourtant, elle possède le même nombre de vertèbres cervicales (les vertèbres du cou) que l'homme : 7.

La girafe est tellement grande que pour pouvoir envoyer le sang vers la tête, son cœur est très gros et pèse plus de 10 kg.

Ses pattes de devant sont plus longues que celles de derrière, ce qui lui permet d'atteindre des feuilles situées très haut dans les arbres.

… deviendra grande

Houbou grandit de trois centimètres par jour. À ce rythme, elle aura vite atteint la taille des adultes, qui mesurent parfois plus de cinq mètres et pèsent près de deux tonnes. La taille des girafes leur permet non seulement de surveiller l'horizon, mais surtout, d'accéder aux feuilles situées très haut dans les arbres. Comme aucun autre animal mangeur de feuilles ne peut les atteindre, elles ont toujours trouvé de quoi manger, jusqu'à présent…

Une grande

mangeuse de feuilles...

Houbou tétera sa mère jusqu'à l'âge de neuf mois. Mais dès les premières semaines, elle commence déjà à manger quelques feuilles. Les girafes sont des **herbivores** et leur met favori est la feuille de l'acacia. Sans se soucier des longues épines qui hérissent les branches de cet arbre, les girafes se délectent de son feuillage durant des heures. Pendant la période la plus chaude de la journée, elles s'abritent sous les grands arbres pour **ruminer** calmement.

Un beau jour, le groupe de Houbou découvre une curieuse hutte. C'est un grenier, dans lequel les paysans entassent leur récolte. Une odeur s'en échappe qui leur fait monter l'eau à la bouche. Faite de bois et de paille, la construction paraît bien fragile. La maman de Houbou s'approche et d'un coup de tête, fait céder la porte de l'édifice. Piquée par la curiosité, Houbou s'avance et s'aperçoit que ce grenier est rempli d'une sorte de haricot à l'odeur alléchante. C'est du niébé. Elle en prend un dans sa bouche et le mâchonne : hum, c'est bon ! Le reste du groupe vient se joindre à elle. Il ne leur faudra pas bien longtemps pour manger toute la récolte !

*La girafe enroule sa longue langue noire **préhensile** autour des branches pour les ramener vers ses lèvres.*
Une girafe adulte mange plus de 60 kg de feuilles par jour.

PETIT DICO

Herbivore :
qui mange de l'herbe ou des feuilles.

Ruminer :
pour améliorer la digestion, après avoir avalé, certains animaux font remonter les aliments de leur estomac pour les mâcher à nouveau. C'est le cas de la vache, de la chèvre, du chameau ou de la girafe !

Préhensile :
qui est capable de prendre, de saisir.

Les paysans font sécher leur récolte de niébé dans des greniers à l'abri des gourmands. Durant la saison sèche, les girafes se déplacent librement dans les champs. Il arrive alors qu'elles s'attaquent aux greniers. Malheureusement, elles ont tellement de force qu'il est difficile pour les paysans de construire des édifices suffisamment résistants.

Les girafes ont une curieuse façon de se baisser. Pour atteindre le sol, elles écartent péniblement les pattes de devant et descendent lentement le cou. Mais, attention de ne pas rester trop longtemps dans cette position !

… qui boit très peu

À côté de la brousse desséchée, la mare de Wadi-Bangou est une véritable oasis. Houbou aime venir y boire avec son groupe. Pendant que les autres girafes font le gué, elle s'avance vers la berge verdoyante et se penche vers l'eau rafraîchissante. Là, avec curiosité, elle observe les petits animaux qui grouillent dans la mare. Pourtant, elle sait qu'il ne faut pas qu'elle passe trop de temps la tête vers le bas. Son cœur bat tellement fort pour envoyer le sang jusqu'au cerveau, que lorsqu'elle baisse la tête trop longtemps, elle est toute étourdie ! Alors, pour passer le moins de temps possible dans cette position, les girafes sont capables de boire de très grosses quantités d'eau en un temps record. Rends-toi compte : une girafe adulte peut boire 60 litres d'eau en une minute !
Les girafes peuvent rester de longues semaines sans boire. Heureusement, elles tirent l'eau qui leur est nécessaire des feuilles d'acacia, qui en sont très riches.

Apprends à reconnaître les traces laissées dans la boue par les animaux qui sont venus s'abreuver le long des mares ?

Pisteur en herbe !

À quelques distances du territoire des girafes coule le fleuve Niger. Une bénédiction pour les petits vachers qui peuvent jouer dans l'eau en surveillant les troupeaux.

La girafe dort très peu,
de 20 minutes à deux heures
par jour !

Les girafes continuent
de brouter longtemps après
la tombée de la nuit.

Des jours calmes et tranquilles

Les journées se passent lentement dans la brousse. Dès le lever du soleil, le groupe se met à brouter, passant tranquillement d'arbre en arbre. Leur pas lent et très particulier leur permet de parcourir de nombreux kilomètres. On dit qu'elles marchent l'amble, avançant les deux pattes d'un même côté en même temps.

Au milieu de la journée, la troupe fait une halte sous de gros acacias, à l'abri des violents rayons du soleil. Paisibles, les adultes surveillent l'horizon, pendant que les jeunes s'assoupissent…

Les girafes sont des animaux très sociables. Elles vivent en groupes dont le nombre et la composition varient continuellement. Tandis que les femelles se rassemblent avec leurs petits, les mâles de plus de trois ans se regroupent ou vivent en solitaires.

Un jour Houbou sera maman

Petit à petit, d'année en année, Houbou a pris son indépendance. À trois ans, elle est presque aussi grande que les autres femelles adultes. Totalement libre, elle passe de groupe en groupe au gré de son humeur. Elle a maintenant atteint la **maturité sexuelle** et pour la conquérir, les mâles s'affrontent. Côte à côte, ils font de grands mouvements de tête pour heurter l'adversaire avec leurs cornes. Heureusement, ces combats ne sont pas du tout dangereux et finissent par l'abandon du plus faible. Un jour, enfin séduite, Houbou se laissera courtiser par un vainqueur avec lequel elle s'accouplera. À son tour elle deviendra maman.

PETIT DICO

Maturité sexuelle : âge auquel un être vivant est capable de se reproduire.

Hiérarchie : rang des individus au sein d'un groupe.

Avec l'âge, le crâne des mâles s'ossifie pour pouvoir résister lors des combats. Il se couvre alors de petites bosses comme s'il avait été attaqué par un essaim d'abeilles. Les combats permettent d'établir une ***hiérarchie*** *entre les mâles.*

Les girafes du Niger vivent en liberté au milieu des hommes et de leurs troupeaux.

Le Niger est un pays très pauvre. Les habitants n'ont pas toujours de quoi manger et tuent quelquefois des girafes, pour se nourrir ou par croyances.

Vivre parmi les hommes

Dans la brousse, le groupe de Houbou côtoie des hommes qui élèvent leur bétail et cultivent leur terre. Les girafes du Niger sont totalement libres. Ceci est très rare dans ce pays, car la plupart des autres mammifères, comme l'éléphant, l'antilope ou le lion, ne survivent plus que dans des **réserves.** La cohabitation avec les populations locales n'est pas toujours facile. Au Niger et dans les pays voisins, les girafes ont été impitoyablement chassées. Aujourd'hui, leur chasse est interdite par la loi, mais le **braconnage** subsiste. Les girafes sont encore chassées pour leur viande et pour de soi-disant vertus médicinales.

PETIT DICO

Réserve: zone géographique où les animaux et les végétaux sont gardés et protégés.

Braconnage: chasse illégale.

La Girafe blanche, une espèce en danger

Dans la brousse où vivent les girafes, il y a très peu d'arbres. Si l'homme continue à les détruire, il ne restera plus assez de nourriture pour ces grands herbivores.

Au Niger, il est interdit de couper les branches des arbres. Pourtant de nombreux bergers le font encore pour nourrir leurs troupeaux. Ce berger cache sa hache sous ses vêtements.

Nous sommes au cœur de la saison sèche. Houbou et son groupe ont de plus en plus de mal à trouver de quoi manger. Les vieilles girafes le savent, avant, les arbres étaient plus nombreux. La désertification avance. Le manque d'eau et le soleil brûlant grillent toutes les plantes. Bien que ce soit interdit par la loi, lorsque leurs troupeaux de chèvres et de vaches ne trouvent plus de quoi se nourrir, les villageois coupent les hautes branches encore vertes des arbres. Les girafes qui ont besoin d'ingurgiter une énorme quantité de feuilles par jour, n'ont alors plus assez à manger. Si l'on ne fait rien, à cause du braconnage et de la raréfaction de leur nourriture, les girafes du Niger risquent de disparaître.

Les girafes blanches du Niger n'étaient que 49 en 1996. Grâce au travail de l'Association de Sauvegarde des Girafes du Niger (ASGN) et aux villageois, en 2006 elles étaient au nombre de 150 !

Pour améliorer le quotidien des villageois, l'association finance la création de puits et achète des motos ambulance ou des moulins à mil. Les moulins à mil servent à moudre rapidement les céréales qui sont à la base de leur alimentation. Ce gain de temps, permet aux femmes de cultiver des légumes et de mieux nourrir leurs familles.

L'association aide aussi les villageois à développer le tourisme. Les girafes du Niger ne sont pas peureuses, à la grande joie des touristes qui peuvent s'approcher très près pour les observer.

Comment sauver la girafe blanche du Niger ?

Aider les girafes blanches du Niger n'est pas simple. Parce qu'elles font quelquefois de gros dégâts dans les récoltes, elles ne sont pas toujours appréciées par les villageois. Que faire pour que les populations locales aiment et protègent les girafes ?

L'Association de Sauvegarde des Girafes du Niger, qui lutte depuis quelques années pour sauver les dernières girafes du Niger, a peut-être trouvé la solution : amener les villageois à protéger eux-mêmes leurs girafes. Pour y arriver, elle prête de petites sommes d'argent aux femmes des villages pour financer leurs projets (acheter des chèvres pour les élever et les revendre ou acheter des semences par exemple) et les aide à protéger plus efficacement leurs récoltes et leurs greniers. Grâce à ces aides, les conditions de vie des villageois deviennent meilleures. En retour, ils ne veulent plus braconner et protègent les girafes blanches qui leur permettent d'obtenir ces aides. Ils apprennent ainsi à aimer leurs girafes.

Et ça marche ! Depuis les débuts de l'association, en 1994, le nombre de girafes a plus que triplé ! Les villageois ont amélioré leurs conditions de vie en bonne entente avec les girafes et de nouvelles perspectives s'offrent à eux dans leur pays.

L'ASGN est soutenue depuis 2001 par les zoos de Doué-la-Fontaine et des Sables d'Olonne.

Contact : BP 16 - Niamey - Niger.
assgirafeniger@yahoo.fr.

À toi de jouer !

Es-tu devenu incollable sur la girafe du Niger ? Attention, il peut y avoir plusieurs réponses pour une question !

1 - Comment appelle-t-on aussi la girafe du Niger ?

a - La girafe de la brousse.
b - La girafe blanche.
c - La girafe à lunette.

2 - Quelles sont les menaces qui pèsent sur la girafe du Niger ?

a - Le braconnage.
b - La diminution de leur nourriture.
c - La pollution.

3 - Comment s'appelle un animal qui mange des feuilles ?

a - Un gourmand.
b - Un herbivore.
c - Un carnivore.

4 - Par quel moyen essaie-t-on de sauver la girafe du Niger ?

a - En créant des réserves.
b - En arrosant les arbres.
c - En aidant les villageois et en développant le tourisme.

5 - Lorsqu'il naît, le girafon à la même taille que :

a - Un bébé humain.
b - Une souris blanche.
c - Un homme adulte.

CARTE D'IDENTITÉ

ANIMAUX MÉCONNUS EN DANGER

GIRAFE DU NIGER

Classe : Mammifères.
Ordre : Artiodactyles.
Famille : Girafidés.
Nom latin :
Girafa camelopardalis peralta.
Durée de vie : 15 à 20 ans dans la nature. 30 à 40 ans en captivité
Poids : environ 1,5 tonne.
Gestation : 14 mois.
Maturité sexuelle : 3 ans chez la femelle. 5 ans chez le mâle.
Portée : 1 petit.
Population estimée : 150.

Réponses : 1b – 2ab – 3b – 4c – 5c

Toutes les photos sont de Sandrine Silhol. Dessin de Muriel Silhol.
Photos prises au Niger et aux parcs zoologiques des Sables d'Olonne, de Doué-la-Fontaine et de Beauval.